EN BICICLETA

SEGURIDAD

K. Carter
Español: Argentina Palacios

The Rourke Press, Inc.
Vero Beach, Florida 32964

© 1994 The Rourke Press, Inc.

CRÉDITOS FOTOGRÁFICOS
Todas las fotos © Emil Punter/Photovision

AGRADECIMIENTOS
El autor agradece a Mike Brackett y Pedal & Spoke, Ltd. (N.
Aurora, IL), la cooperación prestada durante la preparación de
este libro

Library of Congress Cataloging-in-Publication Data

Carter, Kyle, 1949–
   [On bicycles. Spanish]
   En bicicleta / Kyle Carter: versión en español de
Argentina Palacios
      p. cm. — (Seguridad)
   Incluye índice
   ISBN 1-57103-086-7
   1. Montar en bicicleta—Literatura juvenil. [1.Bicicletas y montar
en bicicleta—Medidas de seguridad. 2. Seguridad. 3. Materiales
en español.]
I. Título II. Serie: Carter, Kyle, 1949– Seguridad. Español
GV1055.C3718 1994
796'.6'028'9—dc20   94–19612
                                           CIP
                                           AC

Printed in the USA

ÍNDICE DE CONTENIDO

SEGURIDAD EN BICICLETA

Montar en bicicleta es placentero y muy buen ejercicio, pero también puede ser peligroso. Todos los años muchos ciclistas sufren accidentes o mueren.

El ciclista tiene poca protección en caso de accidentes, así que saber cómo montar de manera segura puede servir para evitarlos.

Aprender a montar bicicleta de manera segura puede evitar accidentes

LA BICICLETA APROPIADA

Una bicicleta no puede amoldarse como un guante, pero sí puede y debe quedarle bien a uno.

Es importante que le quede bien a uno para que haya seguridad al montarla. Una persona debe poder tocar el suelo estando **a horcajadas** en el cuadro de la bicicleta. Si no lo puede hacer, la bicicleta es demasiado grande para uno.

Una bicicleta muy grande es inapropiada. Es muy fácil caerse de una bicicleta así.

¡La bicicleta debe amoldar bien!

HAY QUE INSPECCIONARLA

Si la bicicleta le va bien a uno, debe inspeccionar la condición en que se encuentra. El manubrio o manillar debe estar ajustado, lo mismo que el sillín, el cual también tiene que estar en posición cómoda. Los frenos deben funcionar bien.

Si una llanta (neumático, goma) parece gastada o ya empieza a gotear, hay que reemplazarla.

La grasa y el aceite mantienen ciertas piezas de la bicicleta funcionando sin problema. Cualquiera puede **lubricar** su propia bicicleta, es decir, engrasarla y aceitarla, una vez que alguien le enseña a hacerlo.

REGLAMENTOS VIALES

Si una persona monta la bicicleta en la calle, forma parte del tránsito.

Todo ciclista tiene que obedecer las leyes de tránsito — andar por la derecha, seguir en la misma dirección de los automóviles y los camiones.

Hay que obedecer todos los avisos y señales de tránsito. Siempre se debe poner muchísimo cuidado en las intersecciones o **bocacalles,** los lugares donde una calle se junta con otra.

*Una correa en el tobillo evita que los pantalones
holgados toquen la cadena de la bicicleta*

Pasar a otros ciclistas por la izquierda

PRECAUCIÓN ANTE TODO

Se pueden hacer muchas cosas para montar la bicicleta con seguridad. Si montas con un amigo, los dos deben andar en fila, uno detrás del otro, porque así los automóviles tienen más espacio para pasar. Nunca deben ir dos personas montadas en el mismo sillín.

Toda bicicleta debe estar equipada con un pito (claxon, bocina) o un timbre muy fuerte. La bicicleta, o el casco del ciclista, también debe tener un espejito retrovisor.

Un espejo retrovisor sirve para ver el tránsito que viene atrás

CASCOS

Una de las cosas más importantes que puede hacer un ciclista es ponerse un casco que le quede perfectamente bien. Esto puede salvarlo de un fuerte golpe en la cabeza.

Los cascos para montar bicicleta son livianos pero fuertes. En caso de accidente, ¡el casco, no la cabeza, se debe llevar el golpe!

Hay que llevar un casco en todo momento para proteger la cabeza de un golpe fuerte

EL USO DE LAS MANOS

La persona que monta la bicicleta tiene que mantenerla bajo control en todo momento. Para esto se requiere atención total y que ambas manos estén siempre en el manubrio o manillar.

Sin embargo, si se va a doblar a un lado u otro, hay que hacer una señal de mano. El ciclista debe aprender las distintas señales para dar vuelta a la derecha y a la izquierda.

La vuelta a la derecha se indica con el antebrazo —es decir, a partir del codo— levantado. La vuelta a la izquierda se indica con el brazo izquierdo extendido en forma horizontal.

Ésta es la señal de voltear a la izquierda

LUCES PARA LA BICICLETA

Si es necesario montar de noche o con poca luz, ¡uno tiene que proporcionarse su propia iluminación!

Para la oscuridad, la luz o faro frontal de la bicicleta debe ser visible a 500 pies de distancia. En la parte trasera debe haber un **reflector,** una luz que se pueda ver a 600 pies de distancia.

También hay que poner reflectores en los rayos y en los pedales. Y de noche, siempre se debe usar ropa blanca o reflectora.

Los faros o luces y los reflectores en las bicicletas son indispensables cuando hay poca claridad

SORPRESAS INNECESARIAS

Un ciclista puede reducir los problemas sorpresivos al no andar demasiado rápido cuando las condiciones son desfavorables. Los peligros se pueden evitar si hay tiempo de parar o esquivarlos.

Si un ciclista pasa a otro o a algún peatón, debe hacerlo por la izquierda, sin asustarlo. Para eso está el pito o claxon, o la boca, para avisarle a la persona que va por delante.

GLOSARIO

a horcajadas — con una pierna a cada lado de algo, como el cuadro de la bicicleta

peligros — algo que representa un obstáculo

lubricar — hacer algo liso y resbaladizo

reflector — una superficie sobre la cual rebota o refleja la luz

ÍNDICE